RÉPONSES

DU COMTE DE PFAFFENHOFFEN

AUX DÉFENSES DU 18 FÉVRIER 1831

DE S. M. LE ROI CHARLES X,

DEVANT LA COUR DE SESSION D'ÉDIMBOURG,

SUR LA DETTE LA PLUS SACRÉE QUI FUT JAMAIS,

QUE LOUIS XVIII QUALIFIAIT DE PUDIBONDE,
QU'IL FAISAIT PAYER,
ET QU'ON FAIT NIER A CHARLES X,
EN DÉPIT
DES ACTES ET DES FAITS,
DE SON HONNEUR ET DE SA CONSCIENCE.

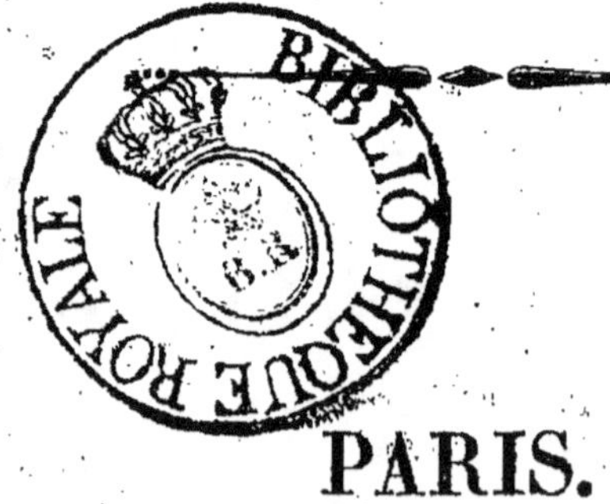

PARIS.

IMPRIMERIE DE PIHAN DELAFOREST (MORINVAL),
RUE DES BONS-ENFANS, N°. 34.
1831.

RÉPONSES

DU COMTE DE PFAFFENHOFFEN

AUX DÉFENSES

DE S. M. LE ROI CHARLES X,

DU 18 FÉVRIER 1831,

DEVANT LA COUR DE SESSION D'ÉDIMBOURG.

------♦------

S'IL a été pénible et douloureux pour le Comte de Pfaffenhoffen d'être réduit à réclamer, devant la Cour de Session, d'un Monarque infortuné, objet de son culte pendant quarante ans! le remboursement de la dette la plus sacrée qui fut jamais; il est encore plus pénible et plus affligeant pour lui de n'avoir à repousser que des défenses ou mensongères ou de mauvaise foi, qu'il lui répugne d'imputer au royal défendeur. Il lui est également pénible et affligeant d'avoir à commencer par donner un démenti formel et entier à la première assertion de ses défenses.

Je nie d'avoir offert mes services à LL. AA. Article 1er. RR. : on me les a demandés, on les a recherchés, et l'on n'a pas eu de peine à les obtenir ; car déjà je m'étais hautement prononcé pour la cause sacrée de la légitimité, fondement de l'ordre social.

J'ignore quelles enquêtes le royal défendeur a pu faire sur ma fortune privée et sur les bornes étroites de ce qu'il appelle ma *solde* ecclésiastique; sans les énumérer ici, elles étaient telles pourtant, que depuis 1790 jusqu'en 1794 (excepté les quatre mois d'occupation du pays de Liége par l'armée de Dumouriez), mes maisons de ville et de campagne, *et une maison que j'ai louée exprès pour eux!* ont été constamment remplies, au point d'en être encombrées, d'émigrés français, qui y ont reçu la plus généreuse hospitalité, et trouvé le vivre et le couvert.

Et quant à la fortune que j'ai pu acquérir ou recouvrer depuis que la révolution française m'a dépouillé de mon état, à Liége, et m'a privé de la principauté de Stavelot et Malmédy, à laquelle j'étais postulé en 1794 : — je nie formellement que l'influence et *l'emploiement* des Princes français aient contribué, le moins du monde, à me la procurer, en quoi que ce soit. Oui, je le nie formellement. J'avais soixante mille francs de rentes, avec une des plus agréables propriétés de l'Autriche, quand la dette des Princes, de laquelle je réclame le paiement, est venue m'y chercher et m'y atteindre! Condamné à la payer pour eux, cette dette des deux augustes frères m'a réduit *sans pain!!!* Voilà ce que m'a valu mon dévoûment! voilà ce qu'avec les deux prisons que j'ai subies, sous le Consulat et sous l'Empire, j'ai obtenu par l'influence et par *l'emploiement* de mon royal débiteur!!!

Il est possible que l'intention des Princes, en me chargeant, par un mandat spécial, d'employer mes soins à procurer dans le pays de Liége des quartiers aux gentilshommes émigrés français qui étaient forcés de partir des Pays-Bas, n'ait pas été de m'autoriser à les lier par aucune obligation pécuniaire. — Le Prince, chef de l'armée à laquelle j'ai procuré ces quartiers, m'a cependant fait des demandes d'argent. (C'est le royal défendeur qui lui-même en donnera la preuve dans ses défenses, pag. 7.) — Mais il est telles circonstances qui peuvent forcer un mandataire spécial à outrepasser la spécialité de son mandat, à peine d'être lui-même responsable de ne l'avoir pas outrepassé. Et certes, telle a été la circonstance où le refus d'outrepasser mon mandat et de me rendre caution des Princes français n'eût pas seulement détruit le succès de mon mandat spécial, mais il aurait laissé les Princes eux-mêmes en butte à une accusation publique d'un triple délit de friponnerie, savoir, de fabrication et d'émission de faux-assi-

Art. 2.

gnats, et de l'emploi de cette fausse monnaie à payer, c'est-à-dire à tromper, les fournisseurs de bonne foi que je leur avais procurés, et auprès de qui j'étais responsable. Je dirai de plus qu'un mandat spécial était impossible pour un tel acte, où le mandant aurait annoncé son délit!!! Et où le mandat eût dû être conçu en ces termes : « Et comme nous faisons fabriquer des faux-as- » signats dont nous nous servirons pour payer » les fournisseurs qu'il nous aura procurés, nous » autorisons notre mandataire à s'obliger per- » sonnellement et à se porter caution pour nous, » dans le cas où les honnêtes gens dont nous » aurons trompé la bonne foi, viendraient à » découvrir la fausseté de cette monnaie!!! » Un tel mandat peut-il se concevoir? Voilà pourtant quel il eût dû être, selon les défenses! Comment qualifier cette monstrueuse absurdité?

A l'appui des lois sur les contrats, j'invoque les lois sur les quasi-contrats admis dans tous les pays régis par des lois; et j'atteste qu'il n'en est point de plus sacré que celui par lequel, en me portant caution des Princes mes mandans, j'ai sauvé l'honneur personnel de LL. AA. RR. non seulement accusées, mais, puisqu'enfin on me force à le dire, ENTACHÉES EN EFFET DE CE TRIPLE DÉLIT!!! de LL. AA. RR., dis-je, qui me doivent quelque reconnaissance d'avoir,

par mon obligation et ma garantie de leur dette,
détruit les traces de leur délit!!! L'injustice, l'in-
gratitude, qui pèsent sur moi, m'ont donc arra-
ché cet épouvantable secret, que Louis XVIII
m'avait su tant de gré d'avoir tenu caché!!!

Les deux Rois ont confirmé le Code français;
je puis donc l'invoquer contre mon royal débiteur; et j'invoque notamment l'art. 1375 des
quasi-contrats, qui porte que « celui dont
» l'affaire a été bien administrée, doit remplir
» les engagemens que le gérant a contractés en
» son nom; l'indemniser de tous les engagemens
» personnels qu'il a pris, et lui rembourser tou-
» tes les dépenses utiles et nécessaires qu'il a
» faites. » — Eh! quoi de plus utile, quoi de
plus nécessaire que de sauver l'honneur personnel des Princes qui avaient mis en moi leur
confiance? Quoi de plus utile et de plus nécessaire
que de sauver leurs personnes d'une accusation
d'un triple délit capital, et d'en détruire les
preuves? — Voilà quant au quasi-contrat.

Et quant au contrat spécial, l'article 1998 du
Code porte que « le mandant est tenu d'exécuter
» les engagemens du mandataire, non seule-
» ment conformément aux pouvoirs qui lui ont
» été donnés; mais encore ce qui a pu être fait
» au-delà, si le mandant l'a ratifié expressément
» ou tacitement. » Or, le royal défendeur l'a ra-

tifié lui-même, quand, répondant à une de mes lettres du 10 mars 1795, *où je lui avais rappelé mes engagemens envers le mayeur de Colson,* alors émigré et dans le besoin; il me fit écrire par l'Evêque d'Arras, son ministre confidentiel, connu comme tel dans l'Europe entière : «..... Je
» suis autorisé, par S. A. R. (Monseigneur
» Comte d'Artois), à vous marquer, de sa part,
» Monsieur le Comte, que vous serez toujours
» environné de son intérêt et de ses bons offices,
» jusqu'à l'époque, qui n'est peut-être pas éloi-
» gnée, où il sera au pouvoir des augustes chefs
» de notre nation *de reconnaître et de récom-*
» *penser les bonnes et honorables actions........*
» Ainsi nous pouvons espérer que vous aurez
» encore les moyens *d'effectuer des engage-*
» *mens* qui sont à-la-fois la preuve de votre
» discernement et *des garans de votre dévoû-*
» *ment aux personnes et aux intérêts de nos*
» *Princes ! ! !* » Peut-il y avoir une plus com-
plète ratification? Elle reconnaît que *mes enga-*
gemens sont de bonnes et honorables actions!
elle m'en promet la récompense! elle m'invite
à les effectuer! elle les considère comme la
preuve et la garantie de mon dévoûment aux
personnes et aux intérêts de mes commettans!
Et on se permet, et on ose dire aujourd'hui, *de-*
vant la justice, que le royal défendeur ne con-

naît rien de cette affaire, et qu'il ne l'a jamais ratifiée!!! C'est insulter S. M., c'est contre elle le comble de l'impudence et de l'outrage! J'ose espérer qu'Elle ne connaît pas cette honteuse défense, qui serait, de sa part, celle de la plus insigne mauvaise foi!!!

Au reste, je me réfère aux termes mêmes de mon obligation, qui en dira plus à la Cour, sur la nécessité où je me suis trouvé de la contracter, que tous les raisonnemens et toutes les ratifications du monde (A). Je me réfère aux actes du procès de Vienne, où la lettre de l'Evêque d'Arras se trouve relatée; elle est en original, la première de la quatrième liasse des documens.

Le royal défendeur fera lui-même, page 7 de ses défenses, quelque mention de telles avances, que j'ai faites de mes propres fonds, non à l'armée en général, mais à quelques individus, ou à des compagnies, même au duc de Bourbon. Les actes du procès de Vienne en ont aussi fait mention; mais aucune de ces avances particulières ne regardant l'armée en général, elles n'ont pas pu être portées dans les comptes généraux de l'armée. Je n'en demande pas le remboursement: et il n'est nullement question d'elles dans la présente action, ni dans ma réclamation!   Art. 3.

De telles objections ou allégations sont bien   Art. 4 et 5.

absurdes, quand mon obligation est entérinée et homologuée par une Ordonnance , du jour même de sa date, du Juge suprême du pays de Liége, qui ordonne la main-levée des arrêts!!! Peut-il exister un acte d'une plus haute autorité? Or cet acte est dans les pièces ; il est au bas de mon obligation ; il la confirme ; il la corrobore en ces termes solennels : « *In fidem et ad robur* » *præmissorum , vindiciarumque de quibus agi-* » *tur in addictionem* , etc. En foi, et pour la » force des prémisses, et en main-levée des ar- » rêts dont il s'agit, etc. » Les termes ne sont- ils pas assez précis ? C'est cette Ordonnance qui a décidé la reconnaissance de Louis XVIII, du 13 mars 1819; et cette même Ordonnance , auprés de Charles X, qui a déjà reconnu combien mon action était bonne et honorable ; qui m'a promis de m'en récompenser ; qui m'a fait inviter à ef- fectuer des engagemens qui sont des preuves et des garans de mon dévoûment à sa personne et à ses intérêts ; auprès de Charles X , cette Or- donnance solennelle , scellée du grand sceau du Tribunal, ne serait d'aucune valeur !!! Quel blas- phême! Quelle absurdité!!!

Art. 6.

Autre absurdité! J'admets que ce soit en ré- ponse à une de mes lettres, qui a pu être du 14 de septembre, que le duc de Bourbon ait écrit sa lettre du 16; et il est évident et palpable que ni la lettre du Prince, ni ma lettre, n'ont pu faire mention des arrêts qui n'ont eu lieu que le 18 de septembre; le jour ou la veille de l'arrivée du comte de Selincourt, porteur de la lettre du duc de Bourbon, du 16, et de ses instructions verbales. Le Prince, qui m'invitait à gagner du temps auprès des fournisseurs, n'avait donc pas pu me parler, le 16, de l'esclandre, de l'émeute, ni des arrêts, qui n'ont eu lieu que le 17 et le 18, et que je n'avais pas pu lui annoncer dans la lettre du 14, à laquelle il me répondait le 16 ! ! ! Je me réfère, du reste, aux actes du procès, pour plus ample explication.

Encore une absurdité! Je n'ai pas pu suivre la marche que le Prince m'indiquait, parce que quand sa lettre du 16 me fut remise, l'émeute était à son comble; que le convoi était sous les arrêts; *que la plainte était portée en escroquerie;* que le Juge allait informer sur les faux-assignats; et qu'il était urgent, pour l'honneur des Princes, d'arrêter au plus tôt ces poursuites, et de détruire les preuves du délit ! ! ! Je me réfère encore aux actes du procès et aux termes de mon obligation.

Art. 7.

La preuve que M. de Colson a payé les four-

Art. 8.

nisseurs, est que les arrêts mis par les fournisseurs ont été levés, et que le convoi a été délivré — L'Ordonnance du Juge en fait foi : c'est
une attestation de fait judiciaire, désormais hors
de toute atteinte.

Art. 9. Les agens du royal défendeur sont bien mal
avisés d'oser parler ici de prétendus ordres que
S. M. Louis XVIII, alors *Monsieur*, aurait
donnés pour le paiement de toutes les dettes
contractées pour le service de ses troupes : le
mensonge est par trop flagrant !

A cette époque de l'émigration, tous les ordres émanaient des deux Princes collectivement ;
et je nie que *Monsieur* ait donné seul l'ordre
qu'on lui prête ici ; et j'affirme que cet ordre, qui
n'a jamais été donné, eût été une scandaleuse dé-
rision. Les deux augustes frères étaient alors dans
la pénurie la plus profonde ; leurs trésoriers du
Theil, de Ville, et autres, n'avaient que de faux-
assignats de la même fabrique que ceux que j'avais
détruits !!! C'est à Liége, c'est sous mes yeux, c'est
pendant que j'avais recueilli chez moi, et que j'y
donnais l'hospitalité au maréchal de Broglie et à
tout son État-major, logés chez moi, que l'armée a été licenciée! J'atteste que les Princes n'ont
pu donner un écu à personne ! Ils en avaient si
peu pour eux-mêmes, que le duc de Bourbon

n'a pu partir de Liége, pour aller rejoindre le Prince de Condé, son père, qu'avec le peu qu'il a pu retirer de la vente de ses équipages. Après le départ du maréchal de Broglie, j'ai aidé de quelques secours le lieutenant-général comte de Martanges, à qui les trésoriers de l'armée licenciée n'avaient pu donner que de faux-assignats, qu'il brûla dans ma cheminée, avec indignation! Les Princes eux-mêmes, le jour même qu'ils ont quitté Liége, ont été arrêtés, à Aix-la-Chapelle, pour quelques dettes, et n'ont obtenu de poursuivre leur route, que par l'entremise du comte de Romanzof, qui, en se rendant leur caution, comme je l'avais fait, me fit dire *qu'il venait de suivre mon exemple !!!*

Et c'est quand les Princes étaient dans un tel dénûment, qu'on ose se permettre de faire dire *devant la justice*, par le royal défendeur, « que le » Roi, son frère, avait ordonné le paiement de » toutes les dettes de l'armée. » Quelle affligeante absurdité! Oui, j'atteste que le mensonge est flagrant!!!

Quant à la lettre de M. de Gatigny, mendiée par M. de Villèle, et qu'on se permet de reproduire ici, j'y ai répondu ; j'en ai fait justice devant la Chambre des députés, et je me réfère à mes réponses rapides et succinctes aux assertions mensongères de ce déplorable ministre de l'infortuné Charles X , dans la séance de la Chambre du 27 janvier 1827. Je n'étais pas fournisseur, je n'avais fait aux armées aucune avance, aucune fourniture; mon nom n'a pas pu se trouver au nombre des fournisseurs. Mon obligation a délivré les Princes d'une attaque de leurs fournisseurs, sur un délit capital entraînant peine afflictive ! elle n'a donc pas pu se trouver au nombre des dettes pour avances de fournitures !

Art. 10,
Art. 11.
Art. 12.

Pour comprendre toute la mauvaise foi qui a dicté cette partie des défenses, qui expriment pourtant quelques vérités, mais qui taisent le point capital, il faut se placer dans ma situation et partager mes sentimens et mon dévoûment. Je voulais taire, je devais taire, et il était convenu avec le duc de Richelieu que je tairais à la commission l'origine et la nature de la dette due aux Colson ; c'est-à-dire la fabrication des faux assignats, donnés en paiement à des hôtes généreux, à des fournisseurs de bonne foi. Après avoir sauvé l'honneur personnel des Princes en émigration, il ne fallait pas ternir l'honneur du Roi sur le trône de France, ni l'honneur de *Monsieur*, par la révélation à la commission de ces actes *pudibonds*. C'est pour remplir ce but et ce devoir qu'il fut convenu entre le duc de Richelieu et moi, que, dans l'absence des titres (c'est-à-dire de l'obligation, homologuée par l'Ordonnance du Juge , dont les héritiers Colson ne voulaient pas se dessaisir , à moins d'être payés), les différens mémoires mentionnés dans les défenses auraient lieu, comme ils ont eu lieu.

Mais la mauvaise foi des défenses se remarque en ce point que , dans l'extrait qu'elles donnent de ces mémoires, elles se sont abstenues de faire mention de la *note secrète* qui les accompagnait; cette réticence est d'autant plus perfide, qu'elle empêche la Cour de Session de connaître la vérité : car cette *note secrète* contenait toute la vérité, que le duc de Richelieu n'a pas voulu que la commission connût. Par quelle bonne foi les défenses ont-elles caché à la Cour ces détails si nécessaires? Je les somme de me répondre : et je me réfère, à ce sujet, aux numéros 12 et 13 et aux annexes A. et B., pages 66-90 de la Correspondance imprimée dont les défenses font mention., et dont je les remercie de m'avoir demandé la production, puisque la vérité s'y trouve établie.

Au reste, voici cette NOTE SECRÈTE :

3 Février 1816.

Le Comte de Pfaffenhoffen en remettant *sous ce pli*, à M. le Comte de Pradel, le compte en aperçu de ses réclamations, déclare qu'il est exact autant qu'il peut l'être dans le total; *mais qu'il ne l'est pas dans les articles séparément.*

Il en est un principal, dont il n'a pas cru devoir faire mention dans un compte et un mémoire, de nature à être produits; et qu'ainsi il a dû reporter et reverser sur les autres : *c'est l'article des cautionnemens que le Comte a fournis pour divers paiemens, particulièrement d'armes, de cuirs, etc.,* QUI AVAIENT ÉTÉ FAITS EN FAUX-ASSIGNATS, etc., etc., etc.

Art. 13.
Toutes ces lettres importantes, en ce qu'elles constatent les nombreux et différens services que j'ai rendus aux Princes et à leur cause, ont peu de rapports avec la présente affaire; cependant celle où le duc de Bourbon me demande mon cautionnement pour procurer des fonds à la Compagnie de Normandie à cheval, et qui est rapportée dans les actes du procès de Vienne, prouve que ce Prince entendait que le mandat des Princes m'autorisait aussi à procurer des fonds, et à m'obliger personnellement pour les procurer!

Art. 14.
Art. 15.
J'ai déjà dit qu'il n'a pas pu être fait mention de moi ni du mayeur Colson, pour aucune avance de fonds dans les comptes généraux de l'armée, parce que ni lui ni moi n'avons fait aucune avance de fonds, ni aucune fourniture. C'est trop s'écarter de l'origine et de la nature de

la dette, que de l'assimiler ou la confondre avec une avance de fonds ou avec des fournitures; c'est trop vouloir donner le change et égarer l'opinion de la Cour: il faut remonter à l'origine et considérer la circonstance où l'obligation a été contractée; il faut comprendre et ne jamais oublier la nécessité qui a exigé que celui en qui les Princes avaient placé leur confiance pour créer l'armée de Bourbon, au milieu d'obstacles politiques, ne laisse pas LL. AA. RR. sous le poids d'une accusation du triple délit d'avoir Elles-mêmes fait fabriquer, à Neuwied, à Stadt-bredimus, ou ailleurs, les faux-assignats dont leurs trésoriers, du Theil, de Ville et autres, se servaient pour payer, on plutôt tromper des fournisseurs de bonne foi. Les comptes de l'armée n'ont pu ni prendre, *ni garder note de ces actes d'escroqueries;* encore moins ont-ils pu faire mention des personnages généreux et dévoués qui en ont détruit jusqu'aux traces, en se rendant garans des délinquans!

Sans doute après la retraite de Champagne et pendant le séjour des Princes à Liége et de tout l'Etat-major chez moi, on a parlé et de mon obligation, et du service qu'elle avait rendu à des Princes qui se trouvaient alors à la merci des fournisseurs, qu'ils avaient si cruellement trompés, et des lois qui punissent les faux-mon-

nayeurs : c'est là où toute l'étendue du service
que j'avais rendu a pu être appréciée. Les Princes délinquans y étaient libres pourtant à l'abri
de mon obligation ! ! ! Qu'y seraient-ils devenus
sans elle ? Il en a été parlé, sans doute , mais on
s'est borné à en parler et à me promettre des ré-
compenses ; mais les caisses étaient vides et les
Princes eux-mêmes dans le plus profond dénûment; les serremens de mains , les promesses se
prodiguaient ; et je crois les voir encore com-
bler ce bon mayeur de Colson de leurs attentions.

Art. 16.   Oui ! les héritiers de Colson ont réclamé depuis la restauration ; leur plainte dans l'action
intentée contre moi au Tribunal des Nobles de la
Basse-Autriche, en fait foi (*Voyez* cette Plainte,
à la page 5 de l'imprimé). Ils ont réclamé, mais
de loin, sans quitter leurs domiciles respectifs ;
ils ont cru, comme leur digne et honorable
père, à la reconnaissance des différens personnages attachés à la personne des Princes, qu'il
avait obligés dans leur émigration. C'est à eux
qu'ils se sont adressés pour faire valoir leur réclamation..... Ils n'ont obtenu aucune réponse!!!

Art. 17.   Combien il est ridicule de vouloir que j'aïe
demandé, devant le Tribunal de Vienne, des
preuves que les paiemens ont été faits! De quel

front aurais-je pu demander la preuve de ce que
j'avais vu moi-même ; et sur quoi les Colson
auraient pu m'appeler à serment ; savoir, que les
écus empruntés de toutes mains par leur
père, avaient été échangés contre de faux
assignats, qui étaient aussitôt livrés au feu !
Si le royal défendeur avait besoin de preuves
de ces faits, qu'il me force de retracer, et dont
il m'a fait remercier, dans les termes si honorables de la lettre de son Ministre confidentiel,
du 4 avril 1795, c'était à lui à comparoir dans
l'instance, ainsi qu'il a été judiciairement sommé
de le faire, par les deux exploits du 3 juillet
1817, et du 17 avril 1818. C'était à lui à venir
les demander. Maintenant qu'après avoir été judiciairement appelé en garantie, il a laissé juger ;
et que le jugement est prononcé et exécuté depuis treize ans, il est trop tard à venir se plain-
dre de ce qu'il n'a pas jugé à propos de faire,
quand il était temps (B). Mais encore une fois, il
n'y a pas eu d'avances, pour l'avantage de l'armée
française ! il y a eu acte de dévoûment envers
les Princes français, pour sauver leurs personnes
d'une accusation de délit capital, et pour détruire les preuves du délit, qui exposait leurs
personnes aux peines afflictives les plus sévères.
(Voyez *le Code pénal français, et celui de
tous les peuples.*)

Art. 18. Il y a ici, dans les agens du royal défendeur, une insigne mauvaise foi. Ils invoquent la correspondance imprimée. Je m'y réfère moi-même. On y verra que c'est toujours au Roi et à *Monsieur*, que je me suis adressé, comme à mes débiteurs personnels : d'abord par les actes judiciaires des 27 juin, 3 juillet 1817, et 17 avril 1818, dont les originaux sont dans les documens de la procédure; et ensuite par l'interminable série de toutes mes demandes, au feu Roi, à *Monsieur* (S. M. Charles X), et à leurs différens Ministres. Si j'ai sollicité les Ministres des Finances ou les Chambres, c'est parce que le ministère de la Maison du Roi, d'après la décision même du Roi, du 13 mars 1819, m'alléguait, et me répétait sans cesse que ma créance était devenue *dette de l'Etat;* c'est encore, et surtout parce que le Roi Charles X lui-même, dans son audience du 29 décembre 1824, a voulu que je visse, *de sa part,* le duc de Doudeauville et le comte de Villèle, et que je tâchasse de les mettre d'accord sur le point de ses dettes; c'est enfin parce que celui-ci, Ministre des Finances, après avoir lui-même liquidé ma créance et m'en avoir promis le paiement, qu'il n'effectua pas, m'écrivit au crayon, une note de sa main, de faire régulariser ma créance *comme dette de l'État,* et qu'alors elle serait payée!!!

Étranger à la France, était-ce à moi à connaître les lois de la France mieux que les Ministres du Roi? Pouvais-je croire ou qu'ils étaient en erreur sur ce point de leur droit public, ou qu'ils me trompaient? Je me suis adressé au Ministre des Finances, aux Chambres, aux fonctionnaires de l'État, sans cesser de solliciter le Roi, comme mon débiteur personnel. Balloté par tous, j'ai enfin suivi l'avis légal de mes Conseils ès-lois, de recourir aux tribunaux et d'y appeler le Roi, comme mon débiteur originaire et personnel; l'État, comme mon débiteur subsidiaire, et le Trésor public. En conséquence, ils ont été assignés tous trois, par exploit simultané du 23 de juillet 1830, pour se voir condamner *solidairement* à me payer; sauf à débattre entre eux à qui des trois il appartenait de me payer.

Le lendemain 24 de juillet, le Ministre des Finances m'a fait proposer de retirer mes assignations, et de reprendre les termes de paiement de 50,000 fr. par an, réglés par Louis XVIII; j'y ai consenti, et il fut convenu que cet arrangement serait effectué dans la semaine.

Le lendemain, 25 de juillet, ont été signées les fatales Ordonnances !!!

« *And the recent events in France ha-*
» *ving induced the royal defender again to*

» *repair to Scotland,* » je me suis trouvé obligé de venir y chercher mon royal débiteur.

En vain je l'ai prié, supplié, conjuré de prendre avec moi tels arrangemens que sa situation
lui permettrait. Il s'est refusé à toutes mes instances, et m'a forcé de l'appeler devant la Cour
de Session, où il ne peut plus se mettre à couvert
sous de prétendues lois françaises, auxquelles il
donne une extension illimitée qu'elles n'ont pas.
S'il ne les a pas fait exécuter, pendant les six
années de son règne, quand il était le Chef
suprême de l'État ; comment pourrait-il les invoquer devant un tribunal étranger, au sujet de
transactions passées chez l'étranger, avec un étranger. Point principal, et qui *seul* régit la matière !

Je joins ici la correspondance imprimée qui
m'est demandée : j'espère que le royal défendeur
en fera de même, pour ce qu'il me donnera occasion de lui demander, dans un moment.

Art. 19.   Je nie, à mon tour, et je nie formellement
que S. M. Louis XVIII n'ait pas reconnu sa
dette envers moi ; et j'atteste, contre la négation du royal défendeur, que S. M. Louis XVIII
a formellement reconnu sa dette, particulièrement par sa décision du 13 mars 1819. Les
défenses ont tronqué cette décision, dans la ci-
tation qu'elles ont faite du rapport, au bas duquel se trouve l'approbation du Roi ; et cette

mutilation est une perfidie et une déloyauté! Je
me réfère à ce rapport en son entier; il est dans
mes pièces, n°. 10 de la quatrième liasse (D).
Et cependant déjà les termes mêmes rapportés
dans les défenses, renferment cette reconnaissance : « Je ne puis pas proposer à V. M. d'ordon-
» ner la liquidation et le remboursement de la
» créance du comte de Pfaffenhoffen, qui, par
» sa nature, est à la charge de l'État. » Est-ce
ainsi que l'on s'exprime sur une créance dont
on n'admettrait pas la validité? Il ne peut pas
proposer au Roi d'en ordonner le remboursement, parce qu'il la regarde comme dette de
l'État! *Sa validité intrinsèque est donc reconnue!* Mais encore une fois, je me réfère à tout
le contexte du rapport, au rapport en son entier où toute l'affaire est expliquée. Je me réfère encore à la lettre du 21 mars 1819, n°. 8
de la Correspondance imprimée, page 56, qui
est un commentaire officiel du rapport.

La pension de 6,000 francs m'a été accordée
par brevet du 15 avril suivant, et depuis elle a
été doublée : « *But the pursuer was not satisfied,*
» *and continued to press his claim upon the*
» *attention of the minister, and urged him to*
» *procure his payment, etc., etc.* » Tout ceci
est vrai : 6,000 francs de pension ne pouvaient
pas satisfaire celui qui avait vendu 28,000 francs

de ses rentes, au cours de 73, pour payer la dette du Roi.

Sur mes instances, le marquis de Lauriston, en arrivant au ministère, fit faire un nouvel examen de mes réclamations, par le conseil du contentieux de la Maison du Roi; ce conseil, en janvier 1821, déclara au Ministre que « l'affaire » n'était susceptible d'aucune difficulté; et que » ne pouvant pas être produite devant les tribu- » naux, *sans de graves inconvéniens*, le Minis- » tre était invité à la régler et à la solder. » En conséquence de cet avis de son conseil, le Ministre, *après avoir pris les ordres du Roi*, m'écrivit sa lettre du 23 mai 1821, n°. 18 de la Correspondance imprimée, page 125; et cette lettre contient encore une reconnaissance formelle de la dette : « L'épuisement du crédit » qui avait été ouvert *pour liquider et rembour-* » *ser des créances de la nature de la vôtre*, a » pu, *seul*, retarder la liquidation qui vous » concerne, et vous place dans la nécessité d'at- » tendre qu'il soit accordé un fonds supplémen- » taire. » Est-elle méconnue ou rejetée, la créance dont on ajourne le paiement, et sur la- quelle on va payer un à-compte ?

Car le Ministre ne s'en tient pas là : il ajoute « que le Roi a ordonné qu'il me soit *payé* (et » non *prêté*, comme le disent les défenses),

» mais *payé à titre d'avance*, par le trésor de
» la Couronne, une somme de cinquante mille
» francs, dont S. M. entend que je tiendrai
» compte à ce trésor, sur la liquidation défini-
» tive qui serait faite ultérieurement à mon pro-
» fit, si, comme il y a lieu de l'espérer, un sup-
» plément est accordé au crédit ouvert en
» 1814. » Le Ministre termine sa lettre par cette
phrase : « Si, contre mon attente, il n'était pas fait
» un fonds supplémentaire, l'année prochaine,
» je ferai tout ce qui dépendra de moi, pour
» vous obtenir du Roi, un nouveau secours. »

Encore une fois, sont-ce là des termes, sont-ce là des actes par lesquels on rejette une créance?

Le Roi, à cette époque, de son propre mou-vement, porta ma pension à 12,000 francs; et la lettre du Ministre qui me l'annonce confirme encore la reconnaissance de la dette, non seulement par Louis XVIII, mais aussi par Charles X. Voici ses termes. — « Le Roi....... vient de
» vous accorder une pension annuelle de douze
» mille francs, *dont vous jouirez jusqu'à la li-*
» *quidation de la créance que vous réclamez.* »
La reconnaissance est formelle, quant à Louis XVIII; et les paiemens qui ont continué sous le règne de Charles X, sont une reconnaissance implicite de S. M., et en donnent la preuve. Il y a donc perfidie, dans les défenses, à n'avoir

fait mention que de la pension de 6,000 francs, où les termes, en italique, ne se trouvent pas; et à avoir tu cette pension de 12,000 francs, où se trouvent des termes qui prouvent la double reconnaissance !

Cependant, en conséquence de la lettre du Ministre, du 23 mai, et des ordres du Roi, deux Ordonnances des 24 mai 1821 et 7 février 1822, ont effectué les paiemens de deux sommes de 50,000 fr. chacune. Ces Ordonnances sont toutes deux dans les termes suivans :

SERVICE DES PAIEMENS DES DETTES.

Désignation de la dépense. { Avance sur la créance de M. le comte de Pfaffenhoffen, pour obligations contractées pour le service des Princes en 1792.

Les termes sont-ils assez précis ?

Peut-il exister, existe-t-il quelque chose de plus formel, de plus positif, pour exprimer la reconnaissance d'une dette, dont la désignation est jointe au paiement ?

Et on se permet, et on ose faire nier au royal défendeur, devant la Cour de Session, que la dette ait été reconnue par Louis XVIII ! Cette négation est un outrage à Sa Majesté, autant qu'à la vérité, et à la justice !

Mais je poursuis : — L'année suivante, la liste civile, obérée, n'a pas pu me continuer ses avances : et, d'accord avec le Ministre de la

Maison du Roi, je présentai, à la Chambre des députés, pour en obtenir le fonds supplémentaire que le Ministre désirait, une pétition qui fut sans succès.

Dans les besoins que j'éprouvais, faute de cette troisième avance, je me suis adressé à *Monsieur*, aujourd'hui le royal défendeur, et mon débiteur solidaire. *Monsieur* m'a fait répondre, le 13 mars 1823, que « à l'époque du » retour du Roi en France, S. M. a déclaré que » c'était *à elle seule* que devraient être présentées » toutes les réclamations *pour dettes contrac-* » *tées par les Princes*, durant leur séjour en » pays étrangers ;..... c'est donc à S. M. *seule* » que vous pouvez vous adresser. » Cette lettre se trouve en original, n°. 4 de la 4e. liasse de mes pièces, et n°. 31 de la Correspondance imprimée, page 152.— *Monsieur* m'eût-il renvoyé, dans les termes de cette lettre, au Roi son frère, s'il n'eût pas reconnu, comme contractée par les Princes, en pays étrangers, la dette qu'on lui fait nier aujourd'hui devant la Cour de Session? S'il ne l'eût pas reconnue, m'aurait-il, étant Roi, autorisé, de sa bouche, à mettre d'accord le Ministre des Finances et celui de sa Maison, sur le point de savoir qui des deux devait la payer?— J'en appelle au royal défendeur lui-même! à son honneur, à sa conscience!

Cependant le Ministre de la Maison du Roi a renouvelé, en 1824, pour continuer annuellement, jusqu'à parfait paiement, celui de 50,000 f. — En voici les circonstances : — M. le maréchal de Lauriston m'engagea à demander au Roi une audience, à laquelle il fut présent, « pour, me » dit-il, que votre affaire soit réglée définitive- » ment; car je ne puis plus espérer de fonds » supplémentaire par M. de Villèle. » Le Roi m'accorda cette audience ; le maréchal y fut présent ; et voici les paroles du Roi, que j'ai déjà rapportées à la Chambre des députés :

« Je vous sais gré de votre discrétion sur une » affaire qui doit rester secrète : ..... ma liste » civile est surchargée, autrement je vous au- » rais fait rembourser entièrement; mais je ne » m'en tiendrai pas à la nouvelle avance de » 50,000 francs, qui va vous être faite ; elle » vous sera répétée annuellement, jusqu'à ce » qu'on fasse des fonds supplémentaires, dont » les circonstances ne permettent pas que la » proposition soit faite encore...... Je veux aussi » doubler votre pension, dès que je le pourrai,... » et je n'en serai pas moins en reste avec vous : » vos sentimens me sont connus ;..... et il est » des dettes telles que les rois mêmes ne peuvent » pas les payer. »

En prononçant ces dernières paroles, le Roi me voyant attendri de ses accens, daigna me tendre la main, et me permit d'y sceller ce contrat, des lèvres de la reconnaissance.

Et se tournant vers le maréchal, le Roi lui dit : « Que ceci soit entendu et reste réglé pour » l'avenir; *que le ciel me prête vie ou non.* » Nous sommes heureux d'avoir un tel créan- » cier d'une dette aussi *pudibonde;* mais elle » ne m'en pèse pas moins. Faites vite expédier » l'Ordonnance. »

J'atteste, sur mon honneur, entre les mains du royal défendeur, et devant la Cour de Session, l'exactitude de ces circonstances, qui furent sui- vies immédiatement d'une nouvelle Ordonnance, du 2 avril suivant, laquelle répète les termes des Ordonnances précédentes.

« Avance sur la créance de M. le comte de » Pfaffenhoffen, pour obligations contractées » pour le service des Princes, en 1792. »

Je reçois, en ce moment, de la part des Com- missaires liquidateurs de l'ancienne Liste Civile de S. M. Charles X, copies authentiques des trois Ordonnances, qui sont plus détaillées en- core que celles sur lesquelles les paiemens ont été opérés. Voici l'extrait de la troisième.

ORDONNANCE DE PAIEMENT.

PARTIES PRENANTES.	DÉTAIL DES DÉPENSES.
M. le Comte de Pfaffenhoffen. Ce paiement sera fait à **M.** le Comte de Pfaffenhoffen, à la charge par lui de rembourser cette avance dans le cas où il serait payé de sa créance sur un crédit ouvert pour achever la liquidation de ces sortes de dettes.	La somme de 50,000 francs qui lui est accordée par décision du Roi, du 27 mars 1824, *à titre de provisoire et pour troisième avance*, sur celle de 400,000 francs qui peut lui être due, pour obligations contractées, en son nom, pour le service des Princes, en 1792.

Je nie donc formellement, preuves en main, l'assertion du royal défendeur : « *That Louis* » *XVIII has not agreed to pay his debt, by* » *instalments of fifty thousand francs each.* » J'affirme qu'il en prit l'engagement, comme je viens de le dire.

Je fais plus, j'affirme que le Ministre des Finances, comte de Villèle, en liquidant avec moi, ma créance, le 10 de juin 1826, à la somme de 470,997 francs 64 centimes, m'a proposé, *de la part de S. M. le Roi Charles X*, de qui, m'a-t-il dit, il avait pris les ordres la veille, de me la faire payer, par parties brisées annuelles de 50,000 francs, portant intérêts, jusqu'à parfait paiement, *selon les termes réglés par feu S. M. Louis XVIII*. Ma pétition, rapportée à la Chambre des députés, le 27 janvier 1827, raconte comment le comte de Villèle a voulu imputer ces paiemens à la liste civile ;

comment la liste civile s'y est refusée; et comment, sur ce refus, M. de Villèle m'a écrit de faire régulariser ma créance, comme dette de l'État, et qu'elle me serait payée : elle a été régularisée comme telle par arrêté du Préfet de la Seine. Et, au lieu de la payer, le même comte de Villèle a infirmé l'arrêté du Préfet ! Mais les reconnaissances n'en subsistent pas moins.

Cette assertion que l'État devient responsable de toutes les dettes que le Roi a contractées avant son avènement, est bien loin d'être exacte. Les employés de la Maison du Roi et de la liste civile la soutiennent; mais tout le ministère et le gouvernement entier la repoussent. Je me réfère, sur ce point du droit public français, aux avis unanimes des hommes de loi de la France, à l'opinion des deux Chambres législatives et à l'avis du Comité de législation du Conseil-d'État. Cet organe légal, suprême, des lois françaises, interrogé par le Ministre de la Maison du Roi, par le Ministre de la Justice et par le Ministre des Finances, a répondu, le 14 septembre 1818 : « que l'État ne peut être » tenu au paiement des dettes contractées par » le Prince avant son avènement au Trône, qu'en » proportion de la valeur des biens dont la réu- » nion s'est opérée à l'État par cet avènement. » Cette décision est au nombre de mes pièces (c).

Quoi qu'il en soit, ce point du droit public français n'est point applicable, sur le sol britannique, à l'occasion d'une transaction passée, non en France, mais sur un sol étranger, avec un étranger.

Art. 21. Je n'ai jamais entendu parler de la Commission dont il est ici fait mention: si cette Commission a existé, son existence a été si clandestine, si obscure, que je l'ai toujours ignorée; que, malgré ses prétendus *ordres* que mon nom soit rayé de la liste des pensions, mon nom y est resté inscrit; que ma pension m'a toujours été régulièrement payée; et qu'ainsi, je ne puis rien dire de cette Commission *occulte*, ni de ce qu'elle a pu *ordonner;* ses ordres n'étant jamais parvenus jusqu'à moi.

Mais pourquoi, si les défenses du royal défendeur étaient le moins du monde dictées par la bonne foi! pourquoi, après avoir parlé à la Cour de ce qu'elles qualifient les *ordres* que cette ténébreuse Commission aurait donnés à mon égard, ne font-elles aucune mention des *humbles* décisions de deux autres Commissions bien autrement respectables, puisque leur travail a été approuvé par le Roi? Il y a, dans cette réticence des défenses, perfidie, il y a déloyauté, il y a intention de tromper la Cour et de surprendre sa justice!

Je vais la détromper.

La première des Commissions dont je parle a été appointée dans le Ministère de la Maison du Roi, en 1825, et composée de M. le marquis de Saint-Géry, de M. Paul de Châteaudouble, tous deux membres de la Chambre des députés, et de M. Calley de Saint-Paul; elle a porté sur ma créance la décision suivante. Je dis décision : car elle a été approuvée par le Roi, le royal défendeur ! ! !

« La créance de M. le comte de Pfaffenhof-
» fen est incontestable : les principes de l'hon-
» neur et de la reconnaissance en ordonnent le
» remboursement : »

J'ai vu, j'ai lu cette décision ! j'en atteste la vérité sur mon honneur : le royal défendeur, qui l'a approuvée, ne la niera pas !

La seconde Commission, plus solennelle encore, est connue de l'Europe entière, puisqu'une Ordonnance royale du 2 août 1828, rendue sur une de mes pétitions à la Chambre des députés et insérée au *Moniteur*, a appelé tous les créanciers du Roi à venir déposer leurs titres devant elle *pour y être reconnus et fixés*. Cette Commission a placé ma créance au premier rang de la première classe des dettes qu'elle a reconnues et fixées. Le royal défendeur a approuvé le travail de cette Commission, qui, par-là, est devenu une *décision* ! On n'a pas voulu me délivrer d'ex-

pédition de celle qui me concerne ; mais le président de la Commission, mais plusieurs de ses
membres, mais plusieurs des Ministres du Roi,
de cette époque, me l'ont dit, en m'assurant
qu'ils allaient s'occuper des moyens de me faire
payer! Mais, hélas! après un changement de
ministère, sont venues les fatales Ordonnances!!!
Et je persiste à demander avec quelle impudeur
les défenses ont pu garder le silence sur ces deux
Commissions et sur leur travail revêtu de l'approbation du Roi? Et comme je ne puis pas les
produire, puisqu'ils m'ont été refusés, je me
sers des termes mêmes dont les défenses se sont
servies envers moi, et auxquels j'ai obéi : « *The
royal defender is now called upon to produce
» them.* Et si l'on refuse de les produire, on me
forcera à exiger le serment du royal défendeur!

Et cependant, en preuve de ces décisions, je
produis déjà, moi-même, une lettre officielle de
l'Intendant-général de la Maison du Roi à M. le
Garde-des-Sceaux, du 5 décembre 1829, n°. 9
de la quatrième liasse de mes pièces et documens. Cette lettre est une réponse officielle à la
demande officielle que le Ministre de la Justice,
sur une de mes requêtes au Conseil-d'État, avait
faite à la Maison du Roi, de ces mêmes décisions des deux Commissions. L'Intendant-général
s'excuse de donner l'une, « parce qu'elle est au

» nombre des pièces qu'il a envoyées au Minis-
» tré des finances. » *Ainsi, elle existe!* Il s'excuse
de donner l'autre, « parce qu'il a été résolu de ne
» donner aucune communication du travail de
» la Commission aux parties intéressées. » Justes
cieux ! Eh ! quels motifs ont pu dicter une résolution aussi choquante, aussi contraire à toute
idée de justice ou d'équité ? Eh ! qui a pu prendre
une telle résolution ? Quoi ! une Ordonnance
royale, officiellement annoncée par le Ministre
des Finances à la Chambre des députés, et officiellement publiée par le *Moniteur,* a appelé les
créanciers du Roi à venir, *dans le plus bref délai,* de toutes les parties de l'Europe, apporter
leurs titres, et *faire reconnaître et fixer leurs
créances ;* et après que ces créances sont *reconnues et fixées,* on se contente, et je devrais me
contenter, d'apprendre, par voie doublement
officielle de l'Intendant-général de la Maison du
Roi au Garde-des-Sceaux, Ministre de la Justice,
« qu'il a été résolu de ne me donner aucune
» connaissance de ma liquidation ; » d'une liquidation qui est pourtant à mon avantage ; car
cette même lettre, doublement officielle, d'un
Ministre à un autre Ministre, ajoute : « qu'il
» serait bien à désirer que le gouvernement
» de Sa Majesté s'occupât *enfin* du rembourse-
» ment de cette dette, etc., etc. » *Elle a donc*

été reconnue par cette Commission solennelle spécialement créée, par Ordonnance royale, pour cette reconnaissance approuvée par le Roi! et les défenses la font nier par le royal défendeur! par le Roi, de qui l'Ordonnance est émanée! par le Roi, qui a approuvé le travail de sa Commission, et qui l'a rendu une *décision!* Il n'y a pas de termes pour exprimer ce que font éprouver des défenses aussi choquantes que déplorables!

Oui, j'avais assigné le Roi, l'État et le Trésor, par exploit simultané du 23 juillet 1830. Mais, comme je l'ai dit plus haut, art. 17, ces assignations n'ont pas eu de suite, par les événemens que les trop fatales Ordonnances du 25 juillet ont occasionnés.

Art. 22.

J'ai depuis, en vertu d'une Ordonnance du 22 janvier 1831, du Président du Tribunal de première instance, séant à Paris, fait saisir, pour sûreté d'un million de francs, les revenus des domaines privés du royal défendeur, qui en conséquence a été assigné en validité desdites saisies, dans les délais de la loi, qui ne sont point expirés.

Art. 23.

Que puis-je dire, sans éprouver un sentiment de pitié, sur ce qu'allèguent les défenses, qu'au-

cune des voitures, arrêtées *ad fundandam juris-
dictionem*, n'appartient au royal défendeur ! —
Elles sont pourtant sorties *toutes* des remises de
Saint-Cloud ; elles étaient alors aux armes ou
aux chiffres du royal défendeur ; elles ont porté
à Cherbourg Sa Majesté, sa famille et leur suite ;
elles ont été embarquées avec elles. J'ai interrogé, à ce sujet, deux des militaires de la garde
qui ont protégé la retraite royale ; j'ai, sur ce
point, le témoignage d'un des Commissaires qui
l'ont accompagnée jusqu'à l'embarquement. Comment donc ces voitures auraient-elles changé
de maître au débarquement ? Comment appar-
tiendraient-elles aujourd'hui à d'autres qu'à Sa
Majesté, à qui le gouvernement britannique a
fait la remise des droits d'entrée, et non à d'autres qu'à Elle ? Les registres du *Custom's-house*
doivent en faire foi. A qui pourrait-on faire ac-
croire le changement de propriétaire ? — C'est à
faire pitié ! Le respect, dont je ne puis me dépar-
tir, m'empêche d'en dire davantage sur cette trop
affligeante allégation. — Voilà, qu'en ce moment les journaux de Paris répètent, d'après le
Scotsman du 3 mars, « que l'avocat du royal dé-
» fendeur prouvera, quand il sera nécessaire, que
» de toutes les voitures arrêtées, pas une seule
» n'appartient à son client, qui ne possède rien,
» et qui ne se sert que des biens et des revenus de

» son Fils !.... » La France entière le démentira.
Il est public, il est notoire que les Dauphins de
France n'avaient point de Maison. — Tous les
services, Chapelle, Maison, Chambre, Écurie,
Vénerie, se faisaient chez le Dauphin, par les
différens services du Roi ! ! ! Le respect, encore
une fois, m'empêche d'en dire davantage sur
cette affligeante matière.

Ma tâche est remplie : j'ai mis à néant le tissu
des allégations mensongères dont les défenses
sont remplies, et qui m'ont forcé de dévoiler de
lamentables secrets, jusqu'ici renfermés dans
mon cœur, qui saigne et qui saignera long-temps
d'avoir dû obéir à la nécessité de ces réponses.
Combien les imprudens conseillers de mon auguste débiteur doivent regretter de m'avoir arra-
ché d'aussi déplorables révélations, où j'ai
pourtant cette consolation d'avoir conservé le
respect que je dois d'autant plus au royal défendeur, que ses malheurs sont plus grands. Mais que
reste-t-il donc des pitoyables défenses qu'on a
produites à la Cour de Session, au nom du suc-
cesseur de soixante-dix Rois de la dynastie et de la
monarchie les plus anciennes de l'univers ? Hélas !
rien que la honte de les avoir produites et d'avoir
provoqué d'affligeantes vérités, par lesquelles
seules j'ai pu détruire tant d'assertions fausses,
souvent perfides et déloyales, démenties par les

actes et par les faits, et dont s'indignent l'honneur, la probité, la conscience, enfin tout ce qui constitue l'homme de bien.

Ah! c'est trop dégrader, c'est trop avilir mon auguste débiteur, mon idole depuis quarante ans! O monarque infortuné! ô le plus infortuné des monarques! dépouillé de la majesté du trône, on vous dépouille encore de la majesté du malheur! on vous ôte le repos de la conscience! on vous enlève ce qui consolait Saint Louis, Jean-le-Bon et François, 1er., dans leurs revers!

Je me résume; et, revenant au point de droit, je dis: ce n'est point en France que j'ai servi les Princes français, en vertu de leur mandat, donné chez l'étranger, et en vertu du quasi-contrat, qui m'ont rendu à-la-fois leur mandataire et leur gérant, sur un territoire étranger. C'est chez l'étranger que j'ai eu le bonheur de sauver, par mon engagement et aux dépens de ma fortune, leur honneur personnel et leurs personnes mêmes, du blâme et des poursuites qu'elles avaient encourus chez l'étranger, par un triple délit qui les avait exposées à une enquête judiciaire et à des peines afflictives les plus sévères! Ce n'est donc point aux lois françaises ni au droit public de la France que ma cause peut être soumise; surtout hors de la France, quand le royal défendeur n'y a pas rempli les engagemens du Roi son frère, ni rien payé de sa dette, pendant les six années de son règne, et quand, Chef de l'État, c'était à lui à faire ordonner le paiement d'une dette dont il voulait s'affranchir, et qu'il supposait et m'opposait sans cesse être devenue *dette de l'État*; de laquelle, après sa chute, l'État, auquel il a cessé d'appartenir, ne peut pas être tenu, quand bien même cette dette personnelle du royal défendeur, contractée chez l'étranger, serait devenue dette de la France : contre toutes les opinions juridiques et administratives de la France : celles mêmes des Chambres législatives et du Conseil-d'État, suprême interprète des lois françaises. Ma cause ne peut être jugée que par le droit commun et par les lois du pays où le royal défendeur a pris son domicile.

Tout ce que dessus, pour réponse aux défenses de S. M. le Roi Charles X, Comte de Ponthieu ; et pour pouvoir, à John Russell, *Esq.*, *Writer to the Signet.*

Paris, le 10 mars 1831.

F.-S. Comte de PFAFFENHOFFEN.

EXTRAITS DES DOCUMENS.

(A)

OBLIGATION.

Je soussigné, tant en ma qualité de chargé de l'autorisation et des pouvoirs de LL. AA. RR. Monsieur et Monseigneur Comte d'Artois, dans le pays de Liége, pour tout ce qui concerne l'établissement des Compagnies d'Émigrés, composant aujourd'hui l'armée de S. A. S. Monseigneur Duc de Bourbon, qu'en mon propre et privé nom, et me rendant, moi et mes biens présens et à venir, personnellement et réellement responsable pour Leursdites Altesses Royales, à l'effet des présentes :

Ouï le rapport de M. le Comte de Sélincourt, au nom de S. A. S. Monseigneur Duc de Bourbon, de qui il me remet une lettre du 16 de ce mois;

Considérant la circonstance pénible où se trouve et où peut davantage se trouver l'armée de S. A. S., par le défaut d'armes, fournitures et bagages de toute espèce, qui demeurent saisis et arrêtés, en vertu d'autorité de justice, parce que les assignats que les trésoriers et payeurs de l'armée ont dernièrement donnés en paiement de ces divers objets, d'une valeur de cent soixante mille livres effectives, *se sont trouvés faux et de fausse fabrique ;*

Considérant l'impossibilité de suivre les intentions que S. A. S. m'indique dans sadite lettre, et de gagner du temps avec les fournisseurs alarmés, et qui, pour et avant de donner main-levée , exigent de moi des sûretés réelles pour ladite somme de cent soixante mille livres;

Considérant que la bonne foi , l'honneur et la dignité des augustes Princes qui m'ont honoré de leurs pouvoirs se trouveraient compromis si j'hésitais un moment à reconnaître et déclarer que LL. AA. RR et S. A. S. sont aussi étrangères que je le suis moi-même à cette livraison de fausse monnaie (*manœuvre manifeste des révolutionnaires*), et que les Princes n'entendent pas que les fournisseurs de leurs armées ne soient pas pleinement satisfaits à tous égards;

Considérant, enfin, qu'en recevant, comme je reçois, et remettant, comme je remets présentement à M. le Comte de Sélincourt, la main-levée qui m'a été accordée; au moyen des présentes, desdites saisies et arrêts, je parviens à parer à tous les inconvéniens existans et éventuels ;

Déclare et reconnais, par ces présentes, écrites et signées de ma main et scellées de mon sceau, avoir rendu LL. AA. RR., et me rendre moi-même, personnellement et réellement débiteurs et responsables *solidaires* envers M. le Mayeur de Colson, de ladite somme de cent soixante mille livres effectives, pour sûreté plus ample de laquelle je lui remets en ce moment, afin de pouvoir s'en aider dans les paiemens que lui-même aurait à faire partiellement ,

<table>
<tr><td rowspan="4">Quatre Obligations
séparées de</td><td>{</td><td>60,000 liv.</td><td rowspan="4">}</td><td rowspan="4">formant ensemble</td></tr>
<tr><td></td><td>40,000</td></tr>
<tr><td></td><td>40,000</td></tr>
<tr><td></td><td>20,000</td></tr>
</table>

ladite somme de cent soixante mille livres, et ne faisant ensemble avec ces présentes qu'une seule et même obligation, dont et desquelles le paiement, tant en intérêts qu'en principal, ne pourra toutefois être exigé qu'après la rentrée des Princes en France.

Il est entendu que ces intérêts seront à demi pour cent par mois.

Donné et délivré à Liége, ce vingt septembre mil sept cent quatre-vingt-douze.

Le Comte DE PFAFF DE PFAFFENHOFFEN.

(*L. S.*)

Et il est convenu qu'en tous cas, lors de l'échéance, je ne pourrai être forcé au paiement, qu'après avoir notifié la demande à LL. AA. RR., et les avoir appelées en garantie.

Comte DE PFAFF.

ORDONNANCE.

In fidem et ad robur præmissorum vindiciarumque de quibus agitur in addictionem, Nos, Petrus-Ludovicus-Josephus de Jacquet, Officialis Leodiensis, totiusque patriæ Leodiensis, comitatusque Lossensis Judex ordinarius; provinciæ Præses, etc., etc.; præsentes has per pro-secretarium nostrum signavi, sigilloque officialatus munivi jussimus, datas Leodii, hác vigesimá septembris 1792.

De mandato reverendi D. Domini mei suprafati.

(*L. S. M.*)

Pet.-Fr. BROCARD,
Pro-Secretarius.

(B)

SENTENCE

(Traduite du texte allemand)

DANS LA CAUSE DES DEMANDEURS NOMMÉS EN ICELLE,
DOCTEUR RESMINI ;

Contre

M. LE COMTE D'EMPIRE DE PFAFFENHOFFEN, DÉFENDEUR,
DOCTEUR HAUSHAMER.

19 Juin 1818.

N°. 8,115. — *Signifiée le 27 Juin 1818.*

Paeher, M. P.

De par le Tribunal Impérial et Royal provincial des
Nobles, en Basse-Autriche, et dans la cause entre Louis
de Colson, Marie-Henriette-Joseph Lagemann, et José-
phine - Françoise - Charlotte - Éléonore Rohue, toutes
deux nées de Colson, Demandeurs par leur avocat, *le*
Docteur Resmini. —Contre Monsieur François-Simon,
Comte d'Empire, de Pfaffenhoffen, Défendeur, par son
avocat, le Docteur Haushamer ; — à l'effet d'imposer
audit Défendeur le paiement de cent soixante mille liv.
tournois, avec les intérêts à six pour cent, dus depuis
le 20 septembre 1792, en vertu d'une obligation déli-
vrée, tant au nom de LL. AA. RR. MONSIEUR et Comte
d'Artois, que comme débiteur solidaire, en date de
Liége, le 20 septembre 1792 ; ensemble avec remboursement des frais judiciaires, en conséquence des actes
mis au rôle, le 6 mai de l'année courante,

Il a été jugé que Monsieur le Défendeur François-

Simon, Comte d'Empire, de Pfaffenhoffen est tenu de payer, *en quatorze jours*, sous peine d'exécution, les cent soixante mille livres tournois, objet de la demande présentée le 7 octobre 1816, avec les intérêts à six pour cent, depuis le 20 septembre 1792, en monnaie effective; toutefois contre la remise qui lui sera faite de son obligation originale dûment quittancée.

Les frais judiciaires réciproquement compensés.

Joseph AICHEN, M. P.

(*L. S.*)

De par le Tribunal Impérial et Royal provincial des Nobles, en Basse-Autriche.

Vienne, ce 19 Juin 1818.

PICHLER, M. P.

(*L. S.*)

EXTRAIT DES MOTIFS DE LA SENTENCE.

.....Les frais judiciaires ont été compensés réciproquement, parce que les demandeurs établissent eux-mêmes des circonstances ou faits *qui font voir évidemment* que la dette dont il s'agit ne regarde pas proprement M. le Défendeur, *mais le gouvernement actuel de la France.*

(*L. S.*)

Joseph PICHLER, M. P.
Directeur de l'expédition.

(C.)

CONSEIL-D'ÉTAT.

Séance du 14 Septembre 1818.

Le Comité de Législation, sur le renvoi qui lui a été fait par Mgr. le Garde-des-Sceaux d'un rapport de M. le Directeur-général de la Maison du Roi, à lui transmis par S. Exc. le Ministre des Finances, contenant la proposition de proposer aux Chambres un projet de loi qui aurait pour objet de pourvoir au paiement des dettes contractées par *Monsieur*, Comte de Provence, avant son avènement à la Couronne;

Vu, etc., etc.; et Considérant, etc., etc.;

Que l'État ne peut être tenu du paiement de ces dettes qu'en proportion de la valeur des biens dont la réunion s'est opérée par la loi du 8 novembre 1814;

Etc., etc.;

Est d'avis qu'il y a lieu de demander un crédit aux Chambres pour le paiement des dettes de Monsieur, Comte de Provence, *jusqu'à concurrence* seulement *de la valeur des biens réunis au domaine de l'État*, par la loi du 8 novembre 1814.

Pour extrait conforme :

LE MAÎTRE DES REQUÊTES,
Secrétaire-général du Conseil-d'État,
HOCHET.

*Le Sceau
du Conseil
d'État.*

(D.)

RAPPORT AU ROI.

Sire,

Le comte de Pfaffenhoffen présenta, en 1815, à la Commission de liquidation, instituée en vertu de la loi du 21 décembre 1814, un Mémoire contenant *l'aperçu* des avances qu'il annonçait avoir faites pour le service de l'armée royale pendant l'émigration. Il porta le montant de ces avances à 392,000 fr., et il l'éleva à 882,000 fr. par l'addition des intérêts échus. Mais considérant qu'il n'était redevable envers les personnes desquelles il avait emprunté pour le service de Votre Majesté, que d'un capital de 160,000 fr. productifs d'intérêt, il borna sa réclamation à la somme de 360,000 fr.

La Commission, persuadée du dévoûment du comte de Pfaffenhoffen, ne crut cependant pas pouvoir accueillir une demande qui n'était pas appuyée de pièces justificatives suffisantes, et Votre Majesté daigna approuver sa décision.

Depuis, ce créancier a formé une nouvelle réclamation : il a demandé le remboursement d'une obligation souscrite par lui en 1792, personnellement et au nom des Princes, et montant en capital à 160,000 fr. Il a légalement demandé le paiement des intérêts stipulés à 6 pour cent. Il était alors pressé par les possesseurs de l'obligation, d'effectuer lui-même ce double paiement.

La Commission de liquidation ayant terminé ses opérations, je n'ai pu faire mettre sous ses yeux cette réclamation, et je l'ai examinée moi-même.

J'ai d'abord remarqué que l'objet n'en avait pas été compris dans la première demande, et cette circonstance m'a paru présenter une objection qui n'était pas sans force. J'ai considéré d'ailleurs que l'original de l'obligation annoncée n'était pas produit; qu'il n'en était présenté qu'une copie informe, qui jetait de l'incertitude et sur l'obligation et sur la sincérité de sa date; qu'il n'était pas constant que le réclamant eût reçu un mandat pour contracter au nom des Princes; et par toutes ces raisons, je n'ai pas cru que la demande dût être accueillie.

Cependant le comte de Pfaffenhoffen, poursuivi devant le Tribunal provincial des Nobles de la Basse-Autriche, par les héritiers du créancier au profit duquel l'obligation dont il s'agit a été souscrite, a demandé l'intervention de Votre Majesté et de S. A. R. *Monsieur*, pour le garantir des poursuites dirigées contre lui. Il ne m'a pas semblé qu'il fût de la dignité du Roi de France de comparaître devant un Tribunal étranger, et l'intervention n'a point eu lieu.

Par suite de cette procédure, le comte de Pfaffenhoffen a été condamné, par sentence de ce Tribunal, en date du 19 juin 1818, à payer le montant de l'obligation et les intérêts, à raison de six pour cent, dans le délai de quatorze jours, sous peine d'exécution.

Appuyé sur cette condamnation, par suite de laquelle il annonce qu'il a été dépossédé de ses biens, il a renouvelé sa demande en remboursement et produit de nouvelles pièces justificatives. J'ai examiné le tout avec beaucoup d'attention.

La condamnation n'est pas douteuse. Une expédition en bonne forme du jugement m'a été produite. Elle est

accompagnée d'une copie certifiée conforme par l'autorité compétente, de l'obligation ci-dessus énoncée. Il
résulte de cette pièce la preuve que l'obligation a été
souscrite le 20 septembre 1792, au profit du mayeur de
Liége, le sieur Colson; qu'elle l'a été pour dégager les
armes, fournitures et bagages de l'armée de Mgr. le duc
de Bourbon, des saisies dont ils étaient frappés; qu'au
moyen de cet engagement, la main-levée des saisies a
été donnée sur le champ; que le comte de Pfaffenhoffen
a obligé Votre Majesté et S. A. R. *Monsieur*, en pré-
nant la qualité de fondé de pouvoirs des Princes, et
qu'il s'est lui-même personnellement obligé; qu'enfin
le capital de l'obligation est de 160,000 fr., et qu'il y a
stipulation d'intérêt à six pour cent.

Une quittance datée de Vienne, le 4 septembre 1818,
atteste que le comte de Pfaffenhoffen a satisfait au jugement prononcé contre lui, et qu'il a payé tant en capital
qu'intérêts, aux héritiers Colson, la somme de 409,093 fr.

La production de ces pièces a dissipé les doutes que
j'avais d'abord conçus. Il me paraît qu'elles établissent
la preuve d'une créance au profit du réclamant. Cette
certitude acquise, *j'ai cru devoir mettre sous les yeux
de* Votre Majesté *la demande d'un homme dévoué à
la cause royale, dont le zèle est bien connu, et que la
condamnation qu'il a subie paraît avoir réduit à un état
déplorable.*

Je ne puis avoir l'honneur de proposer à Votre Majesté d'ordonner la liquidation et le remboursement de
la créance du comte de Pfaffenhoffen; car le crédit af-
fecté par la loi du 21 décembre 1814 au paiement des
dettes contractées en pays étrangers, est entièrement
épuisé, et il n'en a point été ouvert de nouveau, sur

lequel pourrait être imputé le remboursement d'une créance qui, par sa nature, est à la charge de l'État.

Mais peut-être Votre Majesté jugera à-propos de tirer M. de Pfaffenhoffen de la position pénible *où son dévoûment l'a jeté* ; et EN ATTENDANT QUE LA JUSTICE QU'IL EST FONDÉ A ESPÉRER, PUISSE LUI ÊTRE RENDUE, de lui accorder, sur les fonds de la liste civile, une pension proportionnée à sa qualité, à ses services et *à l'importance de la somme qui lui est due.*

C'est dans cette persuasion que je prie le Roi de vouloir bien me donner ses ordres.

(Ici est écrit de la main du Roi)   Approuvé,

Signé LOUIS.

Paris, le 13 mars 1819.

Pour copie conforme,

Les Commissaires de la Liste civile,

Signé DUVERGIER DE HAURANNE,   DE SCHONEN.

www.ingramcontent.com/pod-product-compliance
Lightning Source LLC
Chambersburg PA
CBHW061623060726